TABLEAUX

ET

DESSINS MODERNES

EXPOSITION

Le Vendredi 25 Avril 1862

VENTE

Le Samedi 26 Avril 1862, à deux heures.

Me **ESCRIBE**, Commissaire-Priseur.

M. F. **PETIT**, Expert

RENOU & MAULDE

IMPRIMEURS DE LA COMPAGNIE DES COMMISSAIRES-PRISEURS

Rue de Rivoli, 144.

CATALOGUE

DE

TABLEAUX

ET

DESSINS MODERNES

DONT LA VENTE AURA LIEU

HOTEL DROUOT

Salle n° 1

Le Samedi 26 Avril 1862, à 2 heures précises

Par le ministère de Me ESCRIBE, Commissaire-Priseur,
rue Saint-Honoré, 217,

Assisté de M. Francis PETIT, Expert, rue de Provence, 43.

EXPOSITION PUBLIQUE

Le Vendredi 25 Avril 1862, de 1 heure à 5 heures.

1862

CONDITIONS DE LA VENTE

Elle sera faite au comptant.

Les Acquéreurs paieront CINQ POUR CENT en sus du prix d'adjudication applicables aux frais.

TABLEAUX

ABEL DE PUJOL FILS

1 — Les Bains de mer de La Rochelle.

BLANC

2 — Groupe de Pifférari.

SAINT-ANGE CHASSELAT

3 — François Ier chasse le sanglier dans la forêt de Fontainebleau.

4 — Chasse au faucon.

CHERELLE

5 — Voleur et volé.

6 — L'Automne.

7 — Psyché.

8 — Tentation.

CICÉRI (EUGÈNE)

9 — Paysage, le Pêcheur.

DAUBIGNY

10 — Ruisseau bordé de saules.

DECAMPS

11 — Le roi Candaule.

DECAISNE

12 — Tête de femme.

DELECHAUX

13 — L'Amant respectueux.

DELIERRE

14 — Ruines italiennes.

15 — Paysage, effet de soir : le Chasseur.

16 — La Délaissée.

17 — Carrière, paysage.

18 — Marché turc.

19 — Les Baigneuses.

DROLLING (Attribué à)

20 — Intérieur de cour.

21 — Intérieur de buanderie.

DUPRÉ (Victor)

22 — Paysage, moulin.

23 — Le Pont.

24 — Le Ruisseau.

DUVIEUX

25 — Vue de Venise.

26 — Vue de Constantinople.

FLEURY (Léon)

27 — Environs d'Auvers.

28 — Étude faite à Rome.

29 — Étude de paysage.

FRÈRE (Théodore)

30 — Arabes syriens en voyage.

GABÉ

31 — Femmes jouant avec un enfant.

GUDIN (Attribué à)

32 — Marine. Effet d'orage le soir.

HARPIGNIES

33 — La Sortie de l'école.

JACQUE

34 — Fille de ferme donnant à manger à des cochons.

35 — Cochons à l'auge.

JONQUIÈRES (Victor De)

36 — L'Amazone égarée.

37 — Secourue à temps.

38 — Annette Lyle.

(*L'Officier de fortune*, Walter Scott.)

KUWASSEG Fils

39 — Falaises de Dieppe.

40 — Falaises d'Étretat.

41 — Port à marée basse.

42 — Dito dito dito.

LAFAGE

43 — Bords de la Seine.

LAVIELLE

44 — Intérieur de forêt.

45 — Paysage et animaux.

46 — Le Chemin de la Mare.

LEROY

48 — Jeune homme courtisant une soubrette.

LUTYENS

49 — Trois tableaux de nature morte.

LUTYENS

50 — Un autre tableau de nature morte, d'après Monginot.

MARÉCHAL (Pauline) d'après Delaroche

51 — Sainte Marie au désert.

(Porcelaine.)

PÉCRUS

52 — La Boîte à bijoux.

O. PICHAT

53 — Une Leçon d'équitation.

RENOUX

54 — Paysage, cascade.

ROQUEPLAN

55 — Une Madeleine.

ROZIER (Jules)

56 — Bords de la Seine, le Passage du bac

SALMON

29 57 — L'Enclos de ferme.

21 58 — Coq et poules.

39 59 — Petite paysanne.

TASSAERT

240 60 — La Petite Ménagère.

Pétrus

32 —

O'connell

450 —

COPIES

D'APRÈS LES MUSÉES DE DRESDE ET DE BERLIN

DOW (D'après Gérard)

61 — Le Joueur de violon.

62 — Le Maître d'école.

LANCRET (D'après)

63 — Le Rendez-vous.

64 — Le Notaire.

65 — Les Amies.

METZU (D'après)

66 — Le Marchand de gibier.

67 — Metzu et sa femme.

68 — Récureuse.

METZU (D'après)

69 — La Consultation.

70 — Le Maître de musique.

71 — Le Retour de la chasse.

MIÉRIS (D'après)

72 — Le Déjeuner.

73 — Le Soldat.

MURILLO (D'après)

74 — La Vierge et l'Enfant Jésus.

NETSCHER (D'après)

75 — La Toilette.

76 — La Leçon de musique.

SCHALKEN (D'après)

77 — Le Concert de famille.

TERBURG (D'après)

78 — La Toilette.

79 — L'Instruction paternelle.

VERKOLIÉ (D'après)

80 — Le Refus.

DESSINS

ANASTASI

81 — Paysage.

(Aquarelle.)

ANDRIEUX

82 — Les bons Ouvriers.

(Aquarelle.)

83 — Un Chouan.

(Aquarelle.)

BALLUE

84 — Une Lettre confidentielle.

(Aquarelle.

BEAUMONT (Édouard De)

85 — Oui !

(Aquarelle.)

86 — Non ! !

(Aquarelle.)

87 — Plus du tout ! ! !

(Aquarelle.)

BEAUMONT (Édouard De)

88 — Faribole.

(Aquarelle.)

89 — Profil d'un mirliton.

(Aquarelle.)

DARCY

90 — Paysage.

(Aquarelle.)

91 — Paysage. Effet de soir.

(Aquarelle.)

DECAMPS

92 — Village italien.

(Dessin.)

FINART

93 — Une Revue.

(Aquarelle.)

FLERS

94 — Vue prise à Aumale.

(Dessin.)

GAVARNI

95 — Deux croquis à la plume.

GUILLEMIN

96 — La Déclaration.

(Aquarelle.)

JACQUAND

97 — La Prière.

(Dessin.)

98 — Un Brigand des Abruzzes.

(Dessin.)

JACQUE

99 — Le Petit Joueur de vielle.

(Aquarelle.)

100 — Paysan sur un banc.

(Dessin.)

101 — Intérieur de poulallier.

(Dessin.)

102 — Un Croquis.

(Dessin.)

JONQUIÈRES (Victor De)

103 — Viens donc ?

(Étude au Pastel.)

LAVIELLE

104 — Un Coup de vent.

(Dessin.)

LEGRAND

105 — Fruits.

(Deux partels.)

LORSAY (Eustache)

106 — Onze portraits d'artistes dramatique.

(Dessin.)

MARNY

107 — Vue de ville.

(Aquarelle.)

108 — Vue de ville.

(Aquarelle.)

PERRIN

109 — Tête d'expression.

(Dessin.)

PILS

110 — Batterie d'artillerie. (Campagne d'Italie.)

(Dessin.)

111 — Dessins croquis par divers.

GRAVURES & LITHOGRAPHIES.

112 — Quinze eaux-fortes, par Adrien LAVIELLE, dont les douze Mois de l'année, d'après JACQUE.

113 — Quelques bois gravés.

114 — Œuvres de SWEBACH.

Les Édifices antiques de Rome.

Le Languedoc.

Œuvres d'architecture de Constant d'IVRY.

Hamlet.

Roméo et Juliette.

Flaxman, etc., etc.

RENOU et MAULDE, imprimeurs de la Compagnie des Commissaires-Priseurs, rue de Rivoli, 144. 11610

www.ingramcontent.com/pod-product-compliance
Lightning Source LLC
LaVergne TN
LVHW010253230826
846091LV00007B/2950